Manfred Mai · Hilfe, bald ist Weihnachten!

Manfred Mai

Hilfe, bald ist Weihnachten!

Zeichnungen von Julia Drinnenberg

Loewe

Die Deutsche Bibliothek – CIP-Einheitsaufnahme

Mai, Manfred:
Hilfe, bald ist Weihnachten! / Manfred Mai.
– 1. Aufl. – Bindlach : Loewe, 1996
(Lesekönig)
ISBN 3-7855-2899-X

Dieses Buch ist auf chlorfrei gebleichtem Papier gedruckt.

ISBN 3-7855-2899-X – 1. Auflage 1996
© 1996 by Loewe Verlag GmbH, Bindlach
Umschlagzeichnung: Julia Drinnenberg
Umschlagkonzeption: Funke-Frahm
Satz: DTP im Verlag
Gesamtherstellung: Westermann Druck Zwickau GmbH
Printed in Germany

Inhalt

Zehn

Das Haus der Familie Rosenberg steht friedlich und still in dem kleinen Garten an der Sigmaringer Straße. Eine himmlische Ruhe hat sich in den Räumen ausgebreitet. Das ist allerdings kein Wunder, denn fast alle Rosenbergs sind außer Haus. Papa ist mit dem Mischlingshund Schlappi auf dem Weg zum Kindergarten. Dort muß er um Viertel vor zwölf Annegret abholen. Mama arbeitet heute bis um zwölf in der Bücherei. Roswitha und Robert sind in der Schule. Nur Opapa ist daheim. Aber auch in seinem Zimmer ist es ruhig.

Im Kindergarten spricht Papa mit der Erzieherin. Er möchte wissen, wie sich Annegret eingelebt hat. Während Papa und die Erzieherin reden, darf Annegret Schlappi halten. Der schnüffelt sofort an den Kindern herum. Ein Junge erschrickt und läuft weg. Da bellt Schlappi laut hinter ihm her.

„Was machst du denn?" fragt Papa vorwurfsvoll.

„Ich habe nicht gebellt", sagt Annegret und zeigt auf Schlappi. „Das war der."

„Ach ne!" Papa nimmt Annegret die Leine aus der Hand. „Komm, wir müssen jetzt los."

Auf dem Heimweg erzählt Annegret: „Wir haben heute ein Weihnachtslied gelernt. Soll ich's dir mal vorsingen?"

Papa hat keine große Lust auf Weihnachtslieder. „Das machst du besser, wenn wir zu Hause sind."

So lange kann Annegret nicht warten. Sie legt sofort los: „Jetzt ist die Zeit zum Freuen. Wir zünden Lichter an, daß unsre Weihnachtsfreude man weithin sehen kann."

Schlappi jault dazu, weil Annegrets Gesang seinen Ohren weh tut.

Nach der ersten Strophe schimpft Annegret: „Mist, jetzt habe ich den Rest vergessen!"

Papa atmet erleichtert auf. „Das ist wirklich sehr schade", sagt er und grinst.

„Keine Angst, er fällt mir bestimmt wieder ein."

„Aber hoffentlich nicht so schnell", murmelt Papa.

Als sie zu Hause ankommen, sitzt Robert auf der Treppe vor der Tür und heult.

„Warum gehst du denn nicht rein?" fragt Papa ihn verwundert.

„Wie denn, wenn mich keiner reinläßt!" Robert zieht die Nase hoch.

„Aber Opapa ist doch da", sagt Papa und schließt die Tür auf.

„Ich hab' mindestens zehnmal geklingelt", behauptet Robert.

„Dann hört er bestimmt wieder Seemannslieder."

Annegret läuft sofort in Opapas Zimmer. Er sitzt in seinem Schaukelstuhl mit Blick zum Fenster, hat Kopfhörer auf den Ohren und singt kräftig mit: „Fünfzehn Mann auf des toten Manns Kiste, jo-ho-ho und 'ne Buddel voll Rum ..."

Annegret schaltet den Plattenspieler aus.

„Was is denn nu?" fragt Opapa.

„Aber Opapa", sagt Annegret, „jetzt singt man doch keine Seemannslieder. Bald kommt das Christkind, da muß man doch Weihnachtslieder singen." Und sofort singt sie ihm vor, was sie im Kindergarten gelernt hat.

Papa steht inzwischen schon in der Küche und schält Kartoffeln. Würstchen und Kartoffelsalat soll es heute geben.

„Wie lange dauert das denn noch?" fragt Robert. „Ich habe Hunger."

13

„Wenn du mir hilfst, geht es schneller", antwortet Papa.

Robert brummelt etwas vor sich hin.

„Du könntest wenigstens den Tisch decken", sagt Papa. „Gleich kommt Mama, und wir sind wieder nicht fertig."

„Ist doch nicht meine Schuld", verteidigt sich Robert. „Ich war ja den ganzen Vormittag in der Schule."

„Klar", gibt Papa zu. „Ich meine ja auch nur. Wenigstens in der Adventszeit könntest du ein bißchen mithelfen."

„Was hat denn das mit dem Advent zu tun?"

„Denk mal darüber nach", antwortet Papa. Er schaltet den Herd ein, stellt eine Pfanne drauf, schneidet ein Stück Margarine ab und legt es hinein. Dann holt er Essig und Öl aus dem Schrank. Dabei rempelt er Robert ziemlich unsanft an. „Geh wenigstens aus dem Weg, wenn du mir schon nicht hilfst!"

Robert verzieht sich lieber, damit er sich Papas Gemecker nicht länger anhören muß.

Papa wirft die Würstchen in die Pfanne und macht den Kartoffelsalat fertig. Da kommt Mama schon und sieht den leeren Tisch. Sie zieht die Augenbrauen hoch, sagt aber nichts. Sie sieht müde aus.

„Essen ist gleich fertig", murmelt Papa.

Mama deckt den Tisch und ruft die Kinder und Opapa. Als alle vor ihren Tellern sitzen, sagt Papa: „Ich wollte noch Tomatensalat machen, aber es sind keine Tomaten mehr da."

„Na Gott sei Dank!" meint Robert.

„Ich hoffe, es schmeckt euch trotzdem."

„Ein schöner Fisch wär' mir lieber", sagt Opapa.

Papa überhört die Bemerkung und füllt Annegrets Teller.

Während sie essen, fragt Mama: „Hast du Brot gekauft?"

Brot! Papa reißt die Augen auf. Und Mama weiß sofort, daß er es vergessen hat.

„Verdammt, ich muß auch an tausend Sachen denken!" sagt Papa. „Und die Geschichte für das Weihnachtsbuch muß ich schließlich auch noch fertigschreiben. Am 31. Dezember will der Verlag das Manuskript haben."

„Dann hättest du dich darauf eben nicht einlassen dürfen", meint Mama.

„Nicht einlassen? Na, du bist gut", entgegnet Papa ziemlich laut. „Du weißt genau, daß wir das Geld brauchen."

„Aber ich kann nicht alles selber ..."

„Ihr sollt nicht streiten!" ruft Annegret dazwischen. „Im Advent darf man das nicht. Da muß man lieb zueinander sein. Das haben wir im Kindergarten gelernt."

Mama und Papa schauen sich schweigend an.

In die Stille hinein sagt Robert leise: „Ich kann ja das Brot kaufen."

Da wird es für einen Augenblick noch stiller im Zimmer. Alle Augen richten sich auf Robert.

„Was is denn nu?" fragt Opapa.

„Jetzt wird's Weihnachten", rutscht es Papa heraus.

Mama streicht Robert über den Kopf. Sofort zieht er den Hals ein, weil er das nicht mag.

„Ich helfe dir beim Einkaufen", sagt Annegret.

„Ne, das mach' ich lieber allein."

„Ich will aber mitkommen!"

„Nein!"

„Du bist ganz, ganz blöd!" schreit Annegret ihren Bruder an.

„Aber Annegret", sagt Mama. „Gerade hast du doch noch gesagt, daß man sich im Advent nicht streiten darf."

„Wenn der auch so blöd ist!"

„Du bist selber blöd, du Baby!" Robert streckt Annegret die Zunge raus.

16

Da schlägt Papa mit der Hand auf den Tisch, daß alle erschrecken. „Hier ist niemand blöd, ist das klar! Wir haben nämlich keine blöden Kinder."

Und wie immer, wenn es bei Rosenbergs zischt und kracht, stimmt Opapa sein Lieblingslied an: „La Paloma, oheeeee, einmal muß es vorbei sein, einmal holt uns die Seeeee, und sie giii-iiibt keinen mehr je zurück."

Neun

Kurz vor halb zwei kommt auch Roswitha endlich nach Hause. Papa stellt einen Teller mit Würstchen und Kartoffelsalat auf den Tisch.

„Die Würstchen sind ja ganz schwarz", meckert Roswitha.

„Das kommt davon, weil du nie pünktlich bist", behauptet Papa.

„Jaja, immer sind die andern schuld, nie du", sagt Roswitha. „Das kennen wir."

„Sei nicht so frech!"

„Ich bin nicht frech, ich sage nur die Wahrheit", verteidigt sich Roswitha. „Du läßt die Würstchen verkohlen, aber ich bin schuld. Das ist doch echt witzig." Sie schüttet die halbe Flasche Ketchup auf ihren Teller.

„He, spinnst du!"

„Ne, aber zu diesen Würstchen braucht ein normaler Mensch mindestens zehn Portionen Ketchup."

Papa will etwas sagen, da kommt Mama in die Küche. „Nun streitet ihr zwei bitte nicht auch noch."

18

„Ich habe nur ..." Papa bricht den Satz ab. „Ach was",
brummt er und geht hinaus.

Mama setzt sich zu Roswitha an den Tisch und
schüttelt den Kopf. „O du fröhliche und friedliche
Adventszeit", seufzt sie.

„Das ist doch alles nur beknacktes Gesülze", sagt
Roswitha. „Wir schreiben noch drei Arbeiten vor den
Ferien. Voll gut, was?" Sie schlägt sich mit der flachen
Hand gegen die Stirn. „Wir sollen büffeln bis zum
letzten Schultag und dann schön Weihnachten feiern.
Die Lehrer sind doch alle bescheuert!"

„Jetzt bist du aber ungerecht."

„Na gut", gibt Roswitha zu, „nicht alle, aber die
meisten. Jedenfalls die an unserer Schule."

Mama schaut Roswitha beim Essen zu und murmelt:
„Irgendwie läuft da etwas falsch. Alles wird immer
noch hektischer und verrückter: in der Schule, in den
Büros und Geschäften und zu Hause – einfach überall.
Ich kann ..."

Roswitha schaut zur Uhr. „Was, schon Viertel vor
zwei! Ich muß schnell meine Hausaufgaben machen."
Und schon ist sie weg. Natürlich ohne den Tisch abzu-
räumen.

„Aber ich ..." Mama schüttelt den Kopf. Sie bleibt
noch sitzen, den Kopf in die Hände gestützt.

Wenig später kommt Annegret herein. Als sie Mama
so nachdenklich am Tisch sitzen sieht, fragt sie leise:
„Schläfst du?"

Mama erschrickt ein wenig, weil sie in Gedanken

sehr weit weg war. Annegret steht vor ihr und guckt sie mit ihren großen Augen an. Da streckt Mama die Arme aus und nimmt ihre Tochter auf den Schoß. Annegret kuschelt sich an Mama wie ein Kätzchen und läßt sich streicheln.

Schlappi schleicht auf leisen Pfoten in die Küche. Als er die beiden sieht, winselt er und wedelt mit dem Schwanz.

„Na, komm schon, du alter Schmuser", sagt Mama und nimmt ihn hoch. Er legt sich auf Annegrets Beine und winselt wieder, als wollte er sagen: Nun mach schon, streichle mich!

Annegret läßt sich nicht lange bitten. Sie krault Schlappi am Hals und hinter den Ohren, wo er es am liebsten hat.

Plötzlich kracht und poltert es irgendwo im Haus. Schlappi bellt, macht sich los und verschwindet unter der Eckbank. Dort jault er aus vollem Hals.

„Das war bestimmt Opapa", vermutet Mama. Sie stellt Annegret auf den Boden und läuft zu Opapas Zimmer. Im Flur stößt sie mit Papa zusammen, der auf dem gleichen Weg ist.

„Was hat er denn nun wieder angestellt?"

„Das werden wir gleich sehen."

Aber die Tür zu Opapas Zimmer läßt sich nicht öffnen.

„Opapa! Was ist denn passiert?" ruft Mama.

„Feindliches Schiff versenkt", meldet Opapa mit krächzender Stimme. „Alle Mann an Deck. Ein Verwundeter."

„Mach doch die Tür auf!" ruft Papa.

Aber drinnen rührt sich nichts.

Inzwischen stehen auch Roswitha, Robert und Annegret vor Opapas Zimmer und wollen wissen, was passiert ist. Statt eine Antwort zu geben, rüttelt Papa an der Tür. „Mist!" schimpft er. „Da muß irgendwas davorstehen." Er geht ein paar Schritte zurück. „Das werden wir gleich haben!" Und schon nimmt er Anlauf.

„Nicht!" ruft Mama und kann ihn gerade noch stoppen. „Wir sind doch hier nicht in einem Krimi!"

„Schade", sagt Robert. „Ich hätte gern sehen wollen, ob Papa das auch so gut kann wie die Detektive im Fernsehen."

Roswitha tippt sich an die Stirn. „Im Fernsehen sind die Türen doch gar nicht aus richtigem Holz. Da ist es ..."

21

„Los, hilf mir!" sagt Mama. Dann schiebt sie zusammen mit Papa die Tür langsam auf.

Annegret zwängt sich als erste hinein. „Opilein!" ruft sie.

„Was ist denn?" fragt Mama durch die Tür.

„Er blutet!" antwortet Annegret.

Mama und Papa schauen sich einen Augenblick an. Dann drücken sie die Tür noch ein Stück weiter auf. Geschafft! Sie können hinein.

Mama stößt sich den Fuß an Opapas Schaukelstuhl, der direkt hinter der Tür liegt. Opapa hockt am Boden. Er blutet an der Hand. Schaukelstuhl, Tisch und Stühle sind umgestürzt. Ein Bild ist von der Wand gefallen, das Glas ist zersplittert.

Mama kniet sich neben Opapa hin. „Was ist denn passiert? Tut dir was weh? Kannst du aufstehen?"

Opapa schüttelt den Kopf. „Alleine nicht."

„Hast du was gebrochen? fragt Papa.

„Woher soll ich das wissen?" fragt Opapa zurück. „Bin ich vielleicht der Doktor?"

„Ganz so schlimm kann es ja wohl nicht sein, wenn er noch solche Sprüche macht", sagt Papa zu Mama.

Vorsichtig helfen sie Opapa hoch und stellen ihn auf die Füße.

„Na, geht's?" fragt Mama.

Opapa nickt. „Nur der verdammte Rücken tut weh. Laßt mich mal in meinen Schaukelstuhl sitzen."

Roswitha stellt den Schaukelstuhl auf und hält ihn gut fest, damit er nicht schaukelt. Mama und Papa setzen Opapa behutsam hinein. Als er endlich sitzt, atmet Opapa erleichtert aus.

„Opapa blutet", sagt Annegret noch mal. Sie ist ganz aufgeregt und hat Angst um Opapa. Der schaut seine Hand an und lächelt. „Das is ja man bloß ein Kratzer. Nicht viel größer als ein Mückenstich."

Mama holt schnell ein Pflaster und klebt es drauf. Dann möchte sie endlich wissen, was passiert ist.

„Also, das war so", beginnt Opapa. „Wir segelten gerade über den pazifistischen Ozean und dachten an nix Böses. Da tauchte am Horizont ein Schiff auf und steuerte mittenmang auf uns zu. Wir dachten immer noch nix Böses, bis die Kerle plötzlich das Feuer eröffneten. Ich stand vorne auf der Kommandobrücke, und da holten sie mich gleich mit dem ersten Schuß runter."

„Wenn ich das recht sehe", unterbricht Papa ihn, „war der Tisch die Kommandobrücke. Und als du da raufgestiegen bist, ist der Tisch umgekippt. Stimmt's?"

Opapa antwortet nicht.

„Also weißt du!" sagt Mama. „Du hättest dir das Genick brechen können oder das Kreuz oder alles zusammen. Wirst du denn nie vernünftig?"

„Nein", antwortet Opapa sofort und kichert.

Roswitha drückt ihm einen Kuß auf die Backe. „Du bist wirklich einmalig."

Opapa schmunzelt. „Das hat mein Käpten auch immer gesagt. Hinner, hat er gesagt, einen Kerl wie dich gibt's auf allen sieben Weltmeeren nicht noch mal."

Papa schüttelt den Kopf und geht zur Tür. „Kann mir vielleicht mal jemand verraten, wie ich in diesem Haus eine Weihnachtsgeschichte schreiben soll?"

„Schreib lieber eine Seemannsgeschichte", sagt Opapa. „Das wär' viel spannender, und dabei könnt' ich dir prima helfen."

„*Das* würde mir gerade noch fehlen", seufzt Papa und geht hinaus.

Mama schaut zur Uhr. „Ach du meine Güte!" sagt sie. „Ich muß ja los, sonst komme ich noch zu spät."

„Und wer fährt mich zum Training?" fragt Robert.

„Das muß Papa machen", antwortet Mama. „Ich habe heute keine Zeit. Bei uns in der Bücherei ist vor Weihnachten immer der Teufel los."

Robert läuft hinter Mama her. „Das mußt du aber Papa sagen, sonst meckert er wieder mit mir."

Auch Roswitha hat es eilig, weil sie unbedingt den 14.30-Uhr-Bus erwischen muß, wenn sie noch rechtzeitig zu ihrer Freundin kommen will.

Nur Annegret bleibt bei Opapa. Sie setzt sich neben ihn auf einen Stuhl und legt ihre Hand auf seine Hand.

Opapa lächelt sie an. „Die spinnen mal wieder alle, die Rosenbergs. Außer dir natürlich, mein Gretchen." Er streichelt ihr liebevoll über den Kopf.

„Bist du wirklich auf den Tisch geklettert?" möchte Annegret wissen.

Opa grinst und nickt.

„Warum machst du denn immer so dumme Sachen?"

„Das sind keine dummen Sachen, mein Gretchen", erklärt Opapa. „Das brauche ich für hier oben." Er tippt sich an die Stirn. „Wenn ich den lieben langen Tag nur im Schaukelstuhl sitzen und in den Fernsehkasten glotzen würde, wäre ich bald dusselig und datterig. Verstehste?"

Annegret nickt und sagt gleichzeitig: „Aber du bist doch schon alt."

„Alt bin ich nur außen, mein Gretchen. Innen drin", und wieder tippt sich Opapa an die Stirn, „da bin ich so jung wie du."

„Prima, dann kannst du ja auch gleich mit mir spielen."

„Das wird wohl kaum gehen heute", sagt Opapa. „Wegen dem ollen Rücken. Aber wir können ja miteinander singen." Und schon stimmt er an: „Ick hew mol en Hamburger Veermaster sehn, to my hoodah, de Masten so scheev as den Schipper sien Been, to my hoodah, hoodah, ho ..."

Annegret staunt. Sie hat nicht gewußt, daß Opapa auch ausländisch singen kann.

Acht

Nach dem Abendbrot möchte Papa gern den ersten Teil seiner Weihnachtsgeschichte vorlesen.

„Muß das sein?" fragt Roswitha.

„Wenn's dich nicht interessiert, mußt du natürlich nicht zuhören", sagt Papa beleidigt.

„Also gut", seufzt Roswitha und wirft sich in einen Sessel.

„Mit dreizehn ist man nicht sooo alt, daß man sich keine Weihnachtsgeschichten mehr anhören kann", meint Papa.

Da ist Roswitha ganz anderer Meinung. Aber das sagt sie jetzt lieber nicht, sonst gibt es darüber wieder eine endlose Diskussion.

Robert ist zwar erst acht, aber auf Papas Weihnachtsgeschichte ist er ebensowenig scharf wie seine Schwester. Er lümmelt sich in eine Sofaecke und blättert in der Fernsehzeitschrift.

Mama stellt das Bügelbrett auf und holt den Korb mit der frischen Wäsche. Als sie Papas vorwurfsvollen

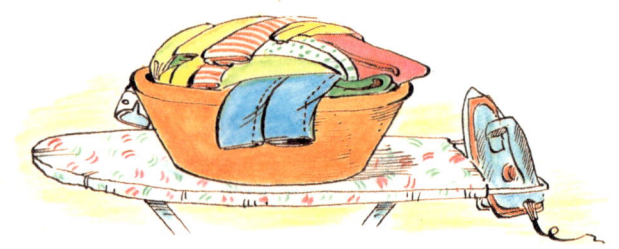

Blick sieht, sagt sie: „Die Wäsche muß gebügelt werden, und die Heinzelmännchen sind leider ausgestor-
ben."

Nur Annegret und Opapa freuen sich auf das Vorlesen, denn sie hören gern Geschichten. Und Annegret
findet, daß ihr Papa die schönsten Geschichten auf der
ganzen Welt schreibt.

„Kommt denn auch ein Seemann in der Geschichte
vor?" möchte Opapa wissen.

„Ein Seemann in einer Weihnachtsgeschichte?"
Papa guckt Opapa an, als ob der nicht alle Tassen im
Schrank hätte.

„Meinst du Landratte vielleicht, auf See würde nicht
Weihnachten gefeiert?"

„Ich habe wirklich keine Lust, mich mit dir darüber
zu unterhalten." Papa räuspert sich übertrieben.
„Kann ich jetzt endlich anfangen?"

„Wenn's unbedingt sein muß", murmelt Roswitha.

Aber zum Glück hört Papa das nicht. Er setzt seine
Lesebrille auf und fängt an zu lesen.

„Wieder einmal neigte sich das Jahr dem Ende zu.
Die Tage wurden kürzer, die Abende länger. Die Menschen hatten wieder mehr Zeit füreinander. In den

Häusern duftete es nach frischgebackenen Geheimnissen."

Roswitha verdreht zum erstenmal die Augen.

„Die Kinder sehnten sich den Heiligen Abend und die Bescherung herbei. Auch Matthias und Johanna waren schon sehr gespannt, was das Christkind ihnen diesmal bringen würde."

„Die sind ja doof", sagt Robert. „Die Geschenke bringt doch nicht das Christkind, die kaufen doch die Eltern."

„Stimmt ja gar nicht", widerspricht Annegret. „Das Christkind bringt die Geschenke und legt sie unter den Christbaum."

Robert zeigt Annegret einen Vogel. „Das glauben doch nur Babys wie du."

„Robert!" sagt Mutter scharf.

Robert nuschelt vor sich hin, und Papa liest weiter.

„Matthias war ganz besonders neugierig. Deswegen sagte er zu seiner Mutter: ‚Kannst du das Christkind nicht fragen, was es mir bringt?'

‚Dann wäre es ja keine Überraschung mehr', antwortete die Mutter.

‚Das Christkind braucht dir ja nicht alles verraten‘, sagte Matthias. ‚Aber wenigstens ein bißchen. Dann wäre das andere Bißchen immer noch eine Überraschung.‘

Die Mutter knuddelte Matthias und nannte ihn ein Schlitzohr. Um den Kindern das lange Warten zu verkürzen, spielten die Eltern oft mit ihnen. Das fand Johanna in der Adventszeit besonders schön: im gemütlich-warmen Wohnzimmer zu sitzen und miteinander zu spielen, wenn es draußen kalt und dunkel war.“

Roswitha seufzt absichtlich laut. „Ach, wie romantisch!“

Papa schaut über seine Lesebrille. „Hätte mich auch gewundert, wenn du nicht meckern würdest.“

„Ist doch wahr“, sagt Roswitha und macht Papa nach: „Wieder einmal neigte sich das Jahr ... Die Menschen hatten mehr Zeit füreinander ... Eltern spielten mit ihren Kindern ... Es duftete nach Geheimnissen. Das stimmt doch gar nicht, so kann man doch heute nicht mehr schreiben.“

„Aber das wollen die Leute lesen", verteidigt sich Papa. „Ich kann doch nicht eine Familie nehmen wie unsere, wo dauernd gestritten wird und ein Chaos das andere ablöst."

„So ähnlich ist es aber in anderen Familien auch", meint Roswitha.

„Das mag sein", sagt Papa. „Aber solche Chaosgeschichten wollen die Leute nicht auch noch lesen. Jedenfalls nicht in der Weihnachtszeit. Da wollen sie schöne Geschichten ..."

„Mit Herz und Schmalz und Kitsch", unterbricht Roswitha ihren Papa.

„Ja, mit Herz und Schmalz und Kitsch, wie du das nennst!" Papa nimmt die Lesebrille ab. „Frag doch mal deine Mutter, was die Leute um diese Zeit in der Bücherei ausleihen."

„Das ist sehr verschieden", sagt Mama. „Viele wollen tatsächlich nur schöne, duftende Advents- und Weihnachtsgeschichten. Aber es gibt inzwischen auch Leute, die ganz andere Bücher suchen."

„Also mir hat das gut gefallen, was du bisher vorgelesen hast", sagt Opapa zu Papa.

„Mir auch", sagt Annegret. „Und ihr sollt nicht immer dazwischenreden, sonst bringe ich alles durcheinander."

„Ich sage keinen Ton mehr, weil ich jetzt nämlich in mein Zimmer gehe." Roswitha steht auf. „Ich hab' nämlich keine Lust, mir noch länger so albernen Kinderkram anzuhören."

31

Papa will etwas sagen, aber Mama kommt ihm zuvor. „Laß sie gehen. Und du gehst am besten gleich mit", sagt sie zu Robert. „Wolltest du nicht seit gestern dein Zimmer aufräumen?"

Robert überhört den letzten Satz. „Ich ... ich ... in fünf Minuten kommt ...", druckst er herum.

„Wer kommt?" fragt Papa.

„Niemand", antwortet Robert. „Ich ... ich meine ..."

„Ach, jetzt verstehe ich", sagt Mama. „Es kommt was im Fernsehen. Deswegen bist du die ganze Zeit so zappelig."

Papa schüttelt den Kopf. „Nein, nein, mein Sohn, der Fernseher wird heute nicht eingeschaltet."

„Aber gleich kommt ein Krimi, den dürfen wir alle sehen!" ruft Robert.

„Das glaube ich nicht", sagt Papa. „Und wenn es stimmen würde, wäre das sehr schlimm."

Mama nickt. „Ich habe ein paar gute Bücher für dich mitgebracht ..."

„Ich will deine blöden Bücher nicht!" schreit Robert und läuft hinaus.

„Robert!"

Wie immer in solchen Situationen stimmt Opapa sein Lieblingslied an: „La Paloma, oheeeee ..."

Aber diesmal fährt Papa dazwischen: „Hör sofort auf! Dein blödes *La Paloma* kann ich jetzt nicht auch noch ertragen!"

Da steht Opapa auf und geht, auf seinen Stock gestützt, aus dem Wohnzimmer.

„Jetzt ist Opapa beleidigt", sagt Annegret.

„Das ist mir egal", brummt Papa. Doch in Wirklichkeit tut es ihm schon wieder leid, daß er so grob war.

Annegret rutscht vom Sofa. „Dann will ich deine Geschichte auch nicht mehr hören." Sie läuft an Papa vorbei hinter Opapa her.

Mama stellt das Bügeleisen ab und guckt Papa an.

„Ich glaube, wir bräuchten gar keinen Kalender. Wir wüßten auch so, wann Weihnachten ist. Zu keiner anderen Zeit im Jahr streiten wir uns so viel wie gerade im Advent."

„Da hast du recht", sagt Papa. „Ich weiß auch nicht, woran es liegt, daß in dieser Zeit alle ein bißchen spinnen."

„Vielleicht weil alle anders sein wollen als sonst", meint Mama. „Und das ist eben ganz schön anstrengend."

„Da ist was dran", sagt Papa. „Aber solange wir uns liebhaben, ist so ein bißchen dicke Luft nicht so schlimm, oder?" Er gibt Mama einen Kuß und verschwindet mit seiner Geschichte im Arbeitszimmer.

Sieben

Am Wochenende ist Weihnachtsmarkt im Städtchen. Den kann sich Familie Rosenberg natürlich nicht entgehen lassen.

„Am besten wird es sein, wir fahren am Sonntag um die Mittagszeit", schlägt Papa vor. „Dann sind bestimmt noch nicht so viele Leute da."

„Ja, ja, und du mußt nicht kochen", stichelt Roswitha.

„Quatsch, darum geht es doch gar nicht."

„Ich weiß nicht recht", sagt Mama, „dann essen die Kinder wieder nur Pommes, Würstchen und süßes Zeug für teures Geld."

„Man muß die Händler auch was verdienen lassen", meint Papa.

„Aber nicht mit ungesundem Essen", sagt Mama.

„So 'ne Wurst und ein paar Leckereien, das hat noch keinen umgebracht", mischt sich jetzt Opapa ein. „Das gehört zum Weihnachtsmarkt dazu wie der Anker zum Schiff."

„O Papa, du immer mit deinen Sprüchen", sagt Mama.

„Das sind keine Sprüche, das sind Lebenserfahrungen."

Nach langer Diskussion einigen die Rosenbergs sich schließlich darauf, am Sonntag um die Mittagszeit zu fahren – natürlich erst nach einem ausgiebigen zweiten Frühstück.

Um diese Zeit sind tatsächlich noch nicht viele Leute unterwegs. Mama findet sogar einen Parkplatz in der Nähe des Weihnachtsmarktes. Als sie aussteigen, tönt ihnen aus einem Lautsprecher schon „Stihille Naaacht, heilige Naaacht ..." entgegen. Dabei paßt das Lied jetzt überhaupt nicht, findet jedenfalls Roswitha. Von weihnachtlicher Stimmung ist nämlich keine Spur. Die Sonne scheint wie an einem schönen Herbsttag. Es ist angenehm mild, und ein paar junge Leute schlendern sogar ohne Jacke über den Markt.

Es dauert nicht lange, bis die Rosenbergs am ersten Bratwurststand vorbeikommen. Mama und Papa gehen zügig weiter. Robert folgt ihnen, obwohl der Bratwurstduft seine Nase heftig reizt. Annegret und Opapa bleiben an einem Stand mit Kinderspielzeug stehen. Annegret möchte eine Holzente, ein Feuerwehrauto und einen Teddybär.

„Das is ein bißchen viel auf einmal", sagt Opapa.

„Ich wünsch' mir die Sachen aber trotzdem."

„Wünschen darfst du dir natürlich alles, mein

Gretchen. Das is nicht verboten. Welche Wünsche erfüllt werden, das sehen wir dann am Heiligen Abend", sagt Opapa und geht mit Annegret weiter.

Roswitha steht an einem Stand mit Modeschmuck und probiert Ringe.

„Wenn Roswitha einen Ring bekommt, will ich auch einen", sagt Annegret.

„Du bist doch noch viel zu jung für einen Ring", meint Papa.

„Bin ich gar nicht!" widerspricht Annegret und hält ihre Hände hoch. „Ich habe genauso viele Finger wie sie."

Papa tut überrascht. „Das hab' ich natürlich nicht gewußt." Er schmunzelt, hebt Annegret hoch und drückt ihr einen Kuß auf die Nase. „Aber keine Sorge, meine Kleine, du kommst nicht zu kurz. Wenn deine Schwester so einen Ring will, muß sie ihn selbst bezahlen."

„Geizhals", brummt Roswitha.

Robert interessiert sich nicht für solche Kinkerlitzchen. Er steht schon wieder vor einer Bratwurstbude, und das Wasser läuft ihm im Mund zusammen. Diesmal kann er einfach nicht vorbeigehen.

„Na, was möchtest du denn?" fragt ein freundlicher Mann hinter dem Grill.

„Ich ... ich ... eine Wurst ...", stottert Robert. „Aber ich habe kein Geld und muß meine Eltern fragen."

„Wir haben doch erst vor einer halben Stunde zu Hause gegessen", sagt Mama.

„Ich hab' aber Hunger."

„Das ist unmöglich ..."

„Wer will alles eine Wurst?" fragt Opapa laut dazwischen.

„Ich!" rufen Robert und Annegret.

Roswitha möchte lieber Pommes.

Opapa bestellt zwei Würste und einmal Pommes. Und für sich selbst einen Becher Glühwein.

„Glühwein?" fragt Mama erstaunt. „Aber heute ist doch kein Glühweinwetter."

„Glühwein gehört zum Weihnachtsmarkt ..."

„... wie der Anker zum Schiff!" ruft Robert.

„Richtig, wie der Anker zum Schiff!", wiederholt Opapa und schlürft von seinem Glühwein.

„Darf ich auch mal?" fragt Annegret.

Opapa hält ihr den Becher unter die Nase.

„Bäh!" ruft Annegret und dreht den Kopf weg. „Das stinkt ja." Opapa lacht und nimmt noch mal einen Schluck. „Hm, das schmeckt fein."

Die Kinder schütteln sich. Da schmecken Würste und Pommes doch tausendmal besser.

Trotzdem schafft Annegret nur ein Viertel der Wurst. Dann ist sie total satt.

„Das war mir klar", sagt Mama. „Aber auf mich hört ja keiner."

Papa redet nicht lange und ißt die Wurst.

Auch bei Robert war die Lust größer als der Hunger. Damit es keine Diskussion gibt, läßt er den Rest heimlich in einem Abfallkorb verschwinden.

Papa sieht es und schimpft: „Was fällt dir denn ein! Man schmeißt doch kein Essen in den Abfall. Viele Kinder auf der ganzen Welt wären froh, wenn sie überhaupt etwas zu essen hätten, und du schmeißt Wurst und Brot einfach weg. Das ist ja die Höhe!"

„Schrei doch nicht so laut", sagt Mama.

„Ist doch wahr!"

„Es war ja nur ein kleines Restchen", verteidigt sich Robert.

„Das ist egal", sagt Papa. „Wir schmeißen kein Essen weg, ist das klar?"

Robert nickt. „Aber wenn du den Rest gegessen hättest, wäre deswegen auch kein hungriges Kind satt geworden."

„Das ist ja wohl ... darum geht es jetzt gar nicht", sagt Papa. „Es geht ums Prinzip."

Robert weiß nicht, was ein Prinzip ist. Und es interessiert ihn auch nicht. Als Papa es ihm erklären will, hält er sich die Ohren zu.

Zum Glück kommt der Nikolaus eben um die Ecke. Robert bleibt stehen, aber Annegret versteckt sich halb hinter Opapa.

„Du brauchst keine Angst zu haben", sagt der Nikolaus. „Ich habe keine Rute, und ich tu' dir nichts." Er winkt sie zu sich. „Komm mal her zu mir, in meinem Sack sind viele schöne Sachen drin. Du darfst dir etwas aussuchen."

An Opapas Hand traut sich Annegret.

Der Nikolaus stellt seinen Sack ab und öffnet ihn. „Na komm, schau nur hinein!"

Zögernd beugt sich Annegret über den Sack und nimmt ein Stoffbärchen heraus.

„Gefällt dir das?"

Annegret nickt.

„Das freut mich", sagt der Nikolaus und fährt Annegret über den Kopf. Dann greift er selbst in den Sack hinein und holt einen großen Apfel heraus. Den schenkt er Robert. Und Roswitha bekommt einen Schokoriegel.

Als sie weitergehen, meckert Robert: „Ich will den blöden Apfel nicht! Annegret hat sich selbst etwas aussuchen dürfen, und Roswitha hat einen Schokoriegel bekommen. Das ist ganz gemein!"

„Könnt ihr euch nicht mal freuen, wenn ihr etwas geschenkt bekommt?" fragt Papa.

„Wir freuen uns doch", sagt Roswitha und zwinkert Annegret zu.

Annegret nickt. „Das Bärchen ist ganz schön."

„Über den blöden Apfel freue ich mich kein bißchen", brummt Robert.

„Das ist traurig", meint Papa. „Ich finde es sehr nett vom Nikolaus, daß er allen dreien etwas geschenkt hat. Obwohl ihr zwei ja nicht mehr klein seid."

„Wenn er mir einen Schokoriegel geschenkt hätte, hätte ich mich auch gefreut."

„Ein Apfel ist viel gesünder", sagt Mama.

„Aber nicht so gut!"

„Das is Ansichtssache, mein Junge." Opapa hält die Hand auf. „Mir schmecken Äpfel besser als Schokolade. Wenn du mir den Apfel schenkst, schenke ich dir dafür einen Schokoriegel. Abgemacht?"

„Abgemacht", sagt Robert und strahlt.

Sechs

Endlich schneit es mal wieder richtig schön wie sonst nur in Büchern und alten Filmen. Robert und Annegret tanzen durch den Schnee, und am Sonntag nachmittag wollen sie unbedingt zum Rodelhang.

„Ein bißchen frische Luft tut uns allen gut", meint Mama.

Roswitha und Opapa sind nicht so sehr für frische Luft. Sie bleiben lieber zu Hause in der Wärme. Dafür springt Schlappi abwechselnd an Mama und Papa hoch, seit er spürt, daß es bald nach draußen geht.

„Wir sollten Schlappi lieber hierlassen", sagt Mama. „Auf dem Rodelhang sind bestimmt viele Kinder."

„Ach komm, Schlappi tut doch keinem was", meint Papa. „Du siehst doch, wie er sich freut."

„Aber dann müssen wir ihn draußen an die Leine nehmen."

„Ja, ja", sagt Papa und nimmt die Leine vom Haken. Schlappi überschlägt sich beinahe vor Freude.

Auf dem Rodelhang sind schon viele Kinder. Papa

41

holt den Rennbob und den Holzschlitten aus dem Kofferraum. Robert schnappt sich sofort den Bob.

„Ich will aber auch mal mit dem Bob fahren", sagt Annegret.

„Kannst du ja gar nicht, der ist nämlich viel zu schnell für dich", behauptet Robert.

„Ist er nicht!" widerspricht Annegret.

„Wenn ihr noch lange hier herumsteht und streitet, fahren Mama und ich mit dem Schlitten", mischt sich Papa ein.

Schon springt Robert in den Bob, stößt sich kräftig mit den Händen ab, und los geht's! Schlappi bellt ihm wie wild hinterher. Annegret setzt sich auf den Schlitten, und Papa schiebt sie an.

„Nicht so schnell!" ruft Annegret noch, aber da saust sie schon den Hang hinunter. Unten kommt ein kleiner Hügel, der Schlitten macht einen Hopser, und Annegret landet im Schnee. Robert lacht. Annegret rappelt sich auf, wischt den Schnee aus dem Gesicht und lacht auch. „Ich fahre gleich noch mal!"

Leider müssen sie dazu ihre Schlitten erst wieder den Berg hochziehen, was ihnen gar nicht gefällt.

„Robi, hilf mir, ich schaff's nicht!" ruft Annegret.

Robert dreht sich um und will etwas sagen. Aber er sieht, daß seine Schwester den Schlitten wirklich nicht allein ziehen kann. Da hängt er ihn an den Bob und zieht beide hoch.

„Mama, du mußt mal mitfahren", sagt Annegret. „Das ist ganz toll!"

Mama läßt sich nicht zweimal bitten. Sie setzt sich hinter ihre Tochter auf den Schlitten, und die Fahrt beginnt. Schlappi bellt und zerrt an der Leine, daß Papa Mühe hat, ihn festzuhalten.

„Schlappi!" sagt Papa. „Du kannst nicht mitfahren, du verrückter Kerl. Nun gib endlich Ruhe!"

Schlappi winselt und schaut Mama, Annegret und Robert sehnsüchtig hinterher.

Als die drei wieder oben sind, will Papa auch mal fahren. Am liebsten mit dem Bob, aber dafür sind seine Beine zu lang. Also setzt er sich zu Annegret auf den Schlitten. Mama übernimmt inzwischen Schlappi. Kaum sind sie gestartet, reißt sich Schlappi von Mama los, saust hinter ihnen her und holt sie ein.

„Weg da!" ruft Papa.

Aber Schlappi hört nicht auf ihn. Er rennt, als ginge es um sein Leben, und überholt den Schlitten. Dabei kommt er ihm gefährlich nahe. Papa will ausweichen und lenkt nach rechts – aber zu scharf. Der Schlitten überschlägt sich, Annegret und Papa purzeln in den Schnee.

Annegret ist schnell wieder auf den Beinen. Aber Papa bleibt mit schmerzverzerrtem Gesicht liegen und hält seinen rechten Arm.

„Papa, was ist denn?"

„Mein Arm", stöhnt Papa.

In diesem Augenblick kommt Schlappi angelaufen, wedelt mit dem Schwanz und winselt.

„Hau bloß ab, du blöder Hund!" schimpft Papa. „Du bist an allem schuld!"

Schlappi zieht den Schwanz ein und weicht zurück.

„Was ist denn los?" ruft Mama von oben.

„Ich glaube, der Arm ist gebrochen", murmelt Papa.

„Papa hat den Arm gebrochen!" ruft Annegret Mama zu.

Da läuft Mama den Hang hinunter und kniet neben Papa in den Schnee.

„Gebrochen?" fragt sie.

„Ich fürchte, ja."

„Du Armer. Tut es sehr weh?"

Papa nickt.

„Laß mich mal fühlen", sagt Mama und tastet Papas Arm ab.

„Aua!" schreit Papa.

„Ist ja schon gut", beruhigt ihn Mama. „Komm, ich helf' dir hoch."

Robert hat Papas Schrei gehört und kommt angestapft, so schnell es geht.

„Bringst du bitte den Schlitten mit?" fragt Mama. Sie stützt Papa, damit er nicht ausrutscht und noch einmal auf den Arm fällt.

Zwanzig Minuten später sind sie im Krankenhaus.
Eine Krankenschwester nimmt Papa mit zum Rönt-
gen. Mama und die Kinder müssen draußen vor der
Tür warten.

„Machen die jetzt Papas Arm ab?" fragt Annegret
ängstlich.

„Quatsch!" sagt Robert. „Die machen ihn wieder
ganz."

„Wenn er gebrochen ist, bekommt Papa einen Gips
um den Arm, damit der Knochen wieder richtig zu-
sammenwachsen kann", erklärt Mama.

„Lisa hat auch einen Gips am Arm", sagt Annegret.
„Sie geht sogar in den Kindergarten, und sie hat gesagt, ihr Arm tut gar nicht mehr weh."

„Na, siehst du." Mama streicht Annegret über den
Kopf.

„Ich hab' schon mal einen Gips am Bein gehabt", sagt Robert, „und ich kann trotzdem schnell rennen." Er will es sofort beweisen.

„Robert! Hier rennt man nicht herum."

„Ja, ja", brummt Robert und setzt sich auf einen Stuhl.

Mama geht im Flur hin und her. „Ausgerechnet kurz vor Weihnachten muß das passieren", murmelt sie. „Als ob ich nicht schon genug am Hals hätte."

„Was hast du denn am Hals?" möchte Annegret wissen.

„Uns", antwortet Robert für Mama.

„Red keinen Unsinn", sagt Mama. „Euch hab' ich nicht am Hals, euch hab' ich lieb." Sie drückt Robert und Annegret kurz an sich. Dann geht sie wieder hin und her, bis eine Tür geöffnet wird.

„Ihr Mann hat einen komplizierten Unterarmbruch", sagt der Arzt. „Er muß zwei, drei Tage hierbleiben, damit wir alles Nötige tun können."

Mama nickt.

„Können Sie ihm bis heute abend alles bringen, was er für die paar Tage braucht?"

Wieder nickt Mama nur. Sie kann im Moment gar nichts sagen.

Der Arzt beugt sich zu Robert und Annegret hinunter. „Keine Angst, wir kriegen den Arm von eurem Papa wieder hin. Das verspreche ich euch."

„Können wir ... kann ich kurz mit meinem Mann sprechen?" fragt Mama mit zitternder Stimme.

47

„Selbstverständlich", antwortet der Arzt. „Kommen Sie bitte mit."

Mama nimmt Robert und Annegret an die Hand und folgt dem Arzt.

Papa sitzt in einem Behandlungszimmer. Der rechte Ärmel ist hochgekrempelt. Der Arm sieht aus wie immer.

„Na?" sagt Mama nur.

Papa versucht zu lächeln. „Schöner Mist, was?"

Mama streichelt Papas gesunden Arm. „Na ja, so schlimm ist es auch wieder nicht. Hauptsache, der Arm wächst wieder richtig zusammen."

„Tut's weh?" fragt Robert leise.

„Wenn der Arm ganz ruhig liegt, geht's", antwortet Papa.

Annegret guckt immerzu Papas Arm an. „Der ist ja noch ganz dran", murmelt sie.

„Na Gott sei Dank!" sagt Papa und muß nun sogar schmunzeln. „Den brauche ich nämlich noch."

„Ihr habt doch gesagt, der Arm ist abgebrochen."

„Mann, bist du doof!" sagt Robert.

„Selber!"

„Annegret ist nicht doof", verteidigt Mama ihre Tochter und streicht ihr über den Kopf. „Wenn der Arm gebrochen ist, heißt das nicht, daß er ganz abgebrochen ist", erklärt sie Annegret. „Nur der Knochen ist gebrochen, und der wächst wieder zusammen. Dann ist der Arm wie vorher."

„Dann ist es ja gar nicht so schlimm", meint Annegret.

„Eben", sagt Papa. „Und du brauchst dir keine Sorgen zu machen."

In diesem Augenblick kommt der Arzt wieder herein. „Jetzt muß ich euern Papa leider mitnehmen, damit wir den Arm behandeln können."

Mama und die Kinder verabschieden sich von Papa.

„Morgen dürft ihr ihn schon wieder besuchen", sagt der Arzt. „Solange passen wir gut auf ihn auf, damit ihm auch ja nichts passiert."

An der Tür dreht sich Annegret noch einmal um und winkt Papa zu.

Fünf

Am nächsten Morgen hat Mama alle Hände voll zu tun, damit alle rechtzeitig aus dem Haus kommen.

„Ich gehe jetzt und bringe Annegret noch in den Kindergarten", sagt sie zu Opapa. „Du mußt sie um Viertel vor zwölf dort abholen. Dann geht ihr zur Schule und wartet, bis Robert kommt. Auf dem Rückweg kauft ihr im Supermarkt noch ein paar Sachen ein." Sie gibt Opapa einen Zettel und zwanzig Mark. „Ist alles klar?"

„Ey, ey, Sir!" sagt Opapa.

„Und macht bitte keinen Unsinn!"

„Ey, ey, Sir!" wiederholt Opapa, schlägt die Hacken zusammen und legt die Hand zum Gruß an die Stirn.

„Tschüs, Opapa!" ruft Annegret.

„Ahoi, mein Gretchen!" antwortet Opapa.

Als sie draußen sind, murmelt er: „Endlich Ruhe. Da wird man ja ganz dusselig im Kopf, bei so einer Familie." Jetzt muß er sich erst mal hinlegen und Seemannslieder hören.

50

Kurz vor halb zwölf zieht Opapa sich warm an. Schlappi freut sich, weil er denkt, daß Opapa mit ihm Gassi gehen will.

„Du bleibst hier", sagt Opapa. „Zwei Kinder und ein Hund sind zuviel für einen alten Seemann."

Er nimmt seinen Stock und macht sich allein auf den Weg – zur Schule! Nach zehn Minuten ist er am Ziel. Aber hinter welcher der vielen Türen sitzt Robert? Opapa steht ratlos im Flur. Da kommt ein Mädchen aus einer Tür, und Opapa fragt: „Weißt du, in welchem Zimmer mein Enkel Robert Rosenberg ist?"

„Ganz hinten, glaube ich", antwortet das Mädchen.

„Danke", sagt Opapa und lüftet den Hut.

Das Mädchen kichert und läuft weiter.

Opapa geht zur letzten Tür und lauscht. Drinnen hört er verschiedene Kinderstimmen. Plötzlich ertönt Musik, dann redet ein Junge: „Fürchtet euch nicht! Ich bringe euch eine gute Nachricht, über die sich ganz Israel freuen wird ..."

„Das is Robert", sagt Opapa und öffnet ganz vorsichtig die Tür.

„... Heute wurde in der Stadt Davids euer Retter geboren. Es ist ... Opapa!" ruft Robert erstaunt.

Alle Köpfe drehen sich zur Tür

„Sie wünschen?" fragt Frau Dressler, die Lehrerin.

„Meinen Engel ... äh ... meinen Enkel", antwortet Opapa und zeigt auf Robert. „Den soll ich abholen."

„Abholen?" wundert sich Frau Dressler. „Aber er hat jetzt Unterricht."

„Seine Mutter hat gesagt, ich soll ihn abholen", sagt Opapa, „Und das mach' ich auch."

„Ist ... denn etwas passiert?" fragt Frau Dressler schon leicht durcheinander.

„Und ob", antwortet Opapa. „Sein Vater liegt im Krankenhaus. Deswegen mußte ich ja los."

„Aber ... aber ...", stottert Robert.

„Schon gut", sagt Frau Dressler, „wenn das so ist, darfst du natürlich sofort nach Hause."

Das läßt sich Robert nicht zweimal sagen. Schnell packt er seine Sachen ein und verläßt mit Opapa die Schule. Draußen fragt er: „Hat Mama wirklich gesagt, daß du mich abholen sollst?"

Opapa nickt: „Zuerst dich, dann Annegret. Und dann sollen wir im Supermarkt noch ein paar Sachen einkaufen."

„Annegret!" Robert schaut auf die Uhr. „*Die* hättest du abholen sollen!"

„Meinst du?"

„Klar", sagt Robert. „Komm, wir müssen los! Sie wartet bestimmt schon."

„Beim Klabautermann", brummt Opapa. „Dann hab' ich das wohl durcheinandergebracht. Ist ja auch kein Wunder, bei so einer verrückten Familie."

„Komm schon!" drängelt Robert.

„Halt mal!" sagt Opapa. „Dann kannst du ja wieder zurück in deine Klasse."

„Nö, das mach' ich nicht. Die lachen mich ja aus."

„Na ja, da haste auch wieder recht", meint Opapa. „Also, lauf du schon mal voraus, ich komme nach. Ein alter Seemann ist schließlich kein Schnellboot."

Als Robert beim Kindergarten ankommt, sind die Kinder alle schon weg. Er fragt die Erzieherinnen nach seiner Schwester, aber sie wissen nicht, wo Annegret ist. Robert rennt zurück und ruft Opapa von weitem zu: „Sie ist weg!"

„Weg?" fragt Opapa. „Wie weg?"

„Sie ist nicht mehr da, und keiner weiß, wo sie ist", antwortet Robert aufgeregt.

„Sie wird nach Hause gegangen sein, weil ihr das Warten zu lange gedauert hat", meint Opapa.

„Das glaub' ich nicht."

„Wo soll sie denn sonst sein?"

„Vielleicht ... vielleicht ist sie entführt worden", sagt Robert.

Opapa zeigt seinem Enkel einen Vogel. „Du siehst wohl zu viele Krimis im Fernsehen."

„Gar nicht wahr", verteidigt sich Robert.

Die beiden überlegen kurz, was sie tun sollen. Opapa zieht den Einkaufszettel aus der Tasche, aber Robert will sofort seine Schwester suchen.

„Du hast recht", sagt Opapa. „Unser Gretchen ist jetzt wichtiger als Butter und Käse."

Sie gehen also auf dem kürzesten Weg nach Hause. Aber von Annegret ist keine Spur zu sehen.

„Sie ist bestimmt entführt worden", sagt Robert mit weinerlicher Stimme.

„Das is doch Quatsch", brummt Opapa. „Kinder werden nicht einfach entführt. Jedenfalls nicht bei uns."

„Und wo ist sie dann?"

„Wahrscheinlich spielt sie irgendwo, oder sie ist bei einer Freundin", vermutet Opapa.

Während sie noch vor der Haustür stehen, kommt Mama angefahren. Sie sieht den beiden sofort an, daß etwas nicht stimmt. „Was ist denn los mit euch?"

„Annegret ist verschwunden", sagt Robert.

„Verschwunden?"

Robert und Opapa erzählen Mama die ganze Geschichte.

„Das ist doch nicht zu glauben!" schimpft Mama,

schließt die Haustür auf und fällt beinahe über Schlappi, der sie freudig begrüßt. „Geh aus dem Weg, du dummer Kerl! Soll ich mir vielleicht auch noch etwas brechen?"

Schlappi zieht den Schwanz ein und ist beleidigt.

Mama geht zum Telefon und ruft bei Annegrets Freundinnen Jessica und Mareike an. Aber da ist Annegret nicht. Mama sucht nach einer weiteren Telefonnummer und murmelt dabei: „Wenn dem Kind etwas passiert ist ..."

Bevor sie den Gedanken zu Ende denken kann, läutet das Telefon.

„Rosenberg", meldet sie sich. Und wenig später sagt sie erleichtert: „Gott sei Dank! Ich habe mir schon Sorgen gemacht. Ich komme gleich und hole sie ab. Nochmals vielen Dank!" Sie legt den Hörer auf, schaut Opapa an und schüttelt den Kopf. „Ich hab' gedacht, ich hätte nur drei Kinder, aber anscheinend habe ich vier. Wißt ihr, wo Annegret ist? Im Zoogeschäft, gleich beim Kindergarten um die Ecke."

„Da konnten wir sie natürlich nicht finden", sagt Opapa.

Mama nimmt die Autoschlüssel. „Ich hole sie."

„Ich komme mit!" sagt Robert.

„Bleib du lieber hier!"

„Nein, ich will mitkommen!" Robert läuft schon an Mama vorbei zur Tür.

„Ich bin gleich wieder zurück", sagt Mama zu Opapa. „Du kannst schon mal ..." Sie bricht den Satz ab. „Nein, lieber nicht, sonst passiert noch etwas", murmelt sie, geht zum Auto und fährt los.

Im Zoogeschäft hält Annegret ein Meerschweinchen in den Händen. „Mama! Mama! Das wünsche ich mir vom Christkind!"

„Nun mal langsam", sagt Mama.

„Das ist so lieb", redet Annegret begeistert weiter. „Ich habe ihm auch schon einen Namen gegeben: Es soll Schnauzi heißen, weil es so eine süße Schnauze hat. Bitte, bitte, Mama!"

„Wenn die ein Meerschweinchen bekommt, möchte ich eine weiße Ratte", sagt Robert.

„Eine Ratte?" Mama schüttelt sich. „So ein ekliges Vieh kommt mir nicht ins Haus, auf gar keinen Fall!"

„Dann kriegt die Annegret aber auch kein Meerschweinchen", sagt Robert und will seiner Schwester Schnauzi wegnehmen.

„He, laß das!"

„Moment mal", mischt sich jetzt die Verkäuferin ein. „Ich setze Schnauzi wieder zu den anderen Meerschweinchen, bis ihr euch entschieden habt."

Annegret gibt Schnauzi nur ungern her.

„Du kannst dir das Meerschweinchen ja vom Christkind wünschen", versucht Mama einzulenken.

„Dann wünsch' ich mir eine weiße Ratte", sagt Robert.

„Wünschen könnt ihr euch meinetwegen, was ihr wollt", beendet Mama das Thema. „Was dann wirklich unterm Weihnachtsbaum liegt, ist eine andere Frage. Alle Wünsche gehen nämlich nicht in Erfüllung. Bei niemandem."

Mama bedankt sich noch einmal bei der Verkäuferin, daß sie auf Annegret aufgepaßt und angerufen hat. Dann verabschieden sie sich und gehen.

Vier

Papa ist wieder zu Hause. Er trägt seinen Gipsarm in einer Schlinge. Beim Mittagessen muß Mama Papas Fleisch in kleine Stücke schneiden.

„Und ich darf dich füttern", sagt Annegret.

„Das ist nicht nötig", meint Papa. „Ich habe ja noch eine Hand."

„Bitte, bitte!" Annegret spießt schon ein Stück Fleisch auf die Gabel und hält es Papa unter die Nase.

Papa macht den Mund auf und schnappt sich das Fleisch.

„Wie ein Baby", sagt Robert.

„Ham, ham", macht Papa und reißt wieder den Mund auf.

Die Kinder kichern. Robert will seiner Schwester beim Füttern helfen.

Mama zieht die Augenbrauen hoch und seufzt. „Jetzt habe ich wohl fünf Kinder. Und das eine Woche vor Weihnachten, wo noch so viel zu tun ist."

Papa wird wieder ernst. „Es ist noch viel zu tun, das

stimmt." Er klopft gegen den Gips. „Und wie soll ich jetzt meine Geschichte fertigschreiben?"

„Soll ich das vielleicht auch noch machen?" fragt Mama. „Dann wird bestimmt eine Chaosgeschichte draus."

„Quatsch", sagt Papa. „Aber das ist ein Problem. Ich kann mit der linken Hand nicht schreiben. Und du weißt, daß ich die Geschichte in zwei Wochen abliefern muß."

Bis jetzt hat Opapa still zugehört. Doch plötzlich fängt er an zu singen: „Das kann doch einen Seemann nicht erschüttern, keine Angst, keine Angst, Rosmarie! Wir lassen uns das Leben nicht verbittern, keine Angst, keine Angst ..."

„Schon gut, schon gut", unterbricht Papa ihn. „Deine Singerei hilft mir auch nicht weiter."

„Ich weiß was", sagt Annegret. „Opapa und ich helfen dir beim Denken, und Robi schreibt dann alles auf."

Robert wehrt ab. „Keine Lust. Und so viel schreiben kann ich sowieso nicht. Da wird ja meine Hand ganz lahm."

„Ich hab's!" ruft Papa. „Ich brauche ein Diktiergerät."

„Was ist das?" möchte Annegret wissen.

„Ein kleines Gerät mit einer Kassette drin", erklärt Papa. „Da kann ich den Text in ein Mikrofon sprechen – wie bei einem Kassettenrecorder. Dann wird alles aufgenommen ..."

59

„Und wer soll die Geschichte dann abtippen?" unterbricht Mama ihn.

Papa antwortet nicht.

„Und was ist übrigens mit den Plätzchen?" fragt Mama.

„Mit welchen Plätzchen?" Papa versteht nicht, was Mama meint.

„Du wolltest doch diese Woche Weihnachtsplätzchen backen", sagt Mama.

Papa hält den Gipsarm hoch. „Das geht wohl leider nicht."

Doch da sind Annegret und Robert ganz anderer Meinung. Sie haben zusammen ja vier Hände. Da ist es nicht so schlimm, wenn Papa eine Hand fehlt.

„Und nebenbei dichten wir noch deine Geschichte weiter", sagt Opapa.

„Nebenbei?" Papa schüttelt den Kopf. „Du hast vielleicht Vorstellungen von meiner Arbeit! Geschichten dichtet man nicht einfach so nebenbei. Dazu braucht man Ruhe, um konzentriert arbeiten zu können."

„Das is doch Schnickschnack", meint Opapa. „Dichten kann man überall, sogar in der Badewanne."

„Seemannsgeschichten vielleicht", gibt Papa spitz zurück, „die von vorne bis hinten erstunken und erlogen sind."

Bevor Opapa etwas erwidern kann, sagt Mama: „Laßt es gut sein, ihr zwei."

„Landratte", brummt Opapa noch. Dann ist Ruhe.

Gleich nach dem Mittagessen wollen Annegret und Robert mit dem Backen beginnen. Das geht Opapa zu schnell. Er braucht erst mal sein Mittagsschläfchen.

„Gott sei Dank!" murmelt Papa. „Wenigstens bin ich den los."

Mama will noch ein paar Tips geben, aber Papa fällt ihr ins Wort: „Entweder backe ich mit den Kindern, oder du machst das selber."

„Ich wollte euch doch nur helfen."

„Wir schaffen das alleine", sagt Papa.

Mama grinst. „Da bin ich aber froh, ich finde die Backerei sowieso todlangweilig." Pfeifend geht sie aus dem Haus.

Papa holt ein Backbuch und blättert darin.

„Wann fangen wir denn endlich an?" fragt Annegret.

„Gleich", antwortet Papa. „Aber erst müssen wir ja wissen, was für Plätzchen wir backen wollen."

„Mama braucht dazu kein Buch", sagt Robert.

„Aber ich brauche eins!" Papa legt das Buch ziemlich laut auf den Tisch und liest vor: „Hundertfünfundzwanzig Gramm Margarine, hundertfünfundzwanzig

Gramm Zucker, ein Päckchen Vanillezucker, ein Ei und zweihundertfünzig Gramm Mehl."

Sie tragen alles zusammen und legen es auf den Küchentisch.

Dann liest Papa weiter. „Die Margarine, den Zucker, den Vanillezucker, das Ei und das Mehl in eine Rührschüssel geben. Mit dem elektrischen Handrührgerät alles gut durchkneten."

„Das mache ich", sagt Robert.

Als er eine Weile gerührt und geknetet hat, möchte Annegret auch mal.

„Das ist viel zu schwer für dich", behauptet Robert.

Diesen Satz kann Annegret nicht mehr hören. Das sagen die Größeren nämlich immer, wenn sie selbst etwas tun wollen. Doch diesmal läßt sich Annegret nicht so einfach abwimmeln. Sie greift mit beiden Händen nach dem Rührgerät.

„He, laß das!" sagt Robert.

Aber Annegret denkt nicht daran. Es gibt ein Gezerre, und bevor Papa eingreifen kann, liegt die Schüssel mit der Teigpampe auf dem Boden.

„Verdammt noch mal", schimpft Papa. „Müßt ihr denn immer streiten!"

„Die hat ..."

„Der will ..."

„Schluß jetzt!" ruft Papa. „Mir reicht's!" Er schnappt sich den Einkaufskorb. „Ich gehe jetzt, und wenn ich zurückkomme, ist hier alles sauber. Aber picobello! Haben wir uns verstanden?"

Annegret und Robert sind so verdattert, daß sie nicht einmal nicken können.

Eine Stunde später ist Papa wieder da. Er hat den Einkaufskorb voller Plätzchen und deutlich bessere Laune. „So, das Problem wäre gelöst", sagt er. „Die müßten bis Silvester reichen."

„Hm", macht Robert und reibt sich den Bauch. „Davon möchte ich eins."

„Nichts da!" sagt Papa. „Wenn ihr jetzt schon anfangt zu naschen, reichen sie nicht mal bis Weihnachten." Er schaut sich in der Küche um. „Sauber, sauber", lobt er Annegret und Robert. „Das habt ihr gut gemacht."

„Dafür haben wir doch eine Belohnung verdient." Robert läßt nicht locker.

Annegret nickt heftig. „Und wir haben auch kein bißchen gestritten, als du weg warst."

„Na, wenn das so ist." Papa zwinkert und nimmt eine Tüte aus dem Korb. „Davon dürft ihr euch zwei Stück nehmen. Und dann vertragen wir uns wieder."

„Aber nur, wenn die Plätzchen da auch gut schmecken", sagt Robert und grinst.

Papa gibt ihm einen leichten Knuff mit seinem Gips. Dann holt er etwas aus seiner Jackentasche und tut ganz geheimnisvoll. „Was könnte das wohl sein?" Er zeigt den beiden ein kleines schwarzes Gerät, das nicht viel größer ist als eine Zigarettenschachtel.

Annegret zieht die Schultern hoch, und Robert weiß es auch nicht.

„Das ist ein Diktiergerät", sagt Papa. „Damit kann ich endlich an meiner Geschichte weiterarbeiten." Er führt den beiden das Gerät vor. „Seht ihr, das Ding merkt sich alles, was man ihm sagt. Sogar euer Geplapper. So, jetzt gehe ich ins Arbeitszimmer und möchte nicht mehr gestört werden."

Drei

Robert hat sich mit seinen Freunden Philipp und Daniel verabredet. Sie wollen bei Rosenbergs hinterm Haus ein Iglu bauen. Das ist ziemlich anstrengend, denn dazu brauchen sie den Schnee aus dem ganzen Garten. Die drei kommen trotz der Kälte ganz schön ins Schwitzen. Doch nach einer guten Stunde haben sie es geschafft. Mitten im Garten sitzt ein großer rundlicher Schneehaufen.

„Jetzt müssen wir ihn noch aushöhlen", sagt Philipp, „dann haben wir ein richtiges Iglu."

Robert holt eine Schaufel und macht sich an die Arbeit. Nach einer Weile läßt er sich von Daniel ablösen. Und Philipp löst Daniel ab. So geht es weiter, bis das Iglu fertig ist.

Wenn sie eng zusammenrücken, passen sogar alle drei Jungen hinein. Nur ein paar Beine hängen noch aus dem Eingang.

„Spitze", sagt Robert. Er krabbelt heraus, um das Meisterwerk von außen zu bewundern.

Philipp folgt ihm. Nur Daniel bleibt noch drin und legt sich hin, als wolle er schlafen. In diesem Augenblick stürzt das Iglu zusammen, und Daniel wird völlig zugedeckt.

Nach dem ersten Schreck ruft Robert: „Los, wir müssen ihm helfen, sonst erstickt er!"

Philipp schnappt sich die Schaufel und schaufelt den Schnee weg. Robert buddelt mit den Händen. Er kommt schneller voran als Philipp.

„Laß die Schaufel, nimm die Hände!" keucht er.

Philipp wirft sich auf die Knie, und los geht's!

Daniels Beine kommen zum Vorschein. Sie zappeln und strampeln wie wild. Einmal wird Robert von ihnen getroffen.

„Verdammt!" schimpft er. „Wir müssen weiter vorne ran!"

Sie rutschen ein Stück vorwärts, und schon geht's weiter. Die beiden arbeiten wie ein Schneepflug, um ihren Freund zu befreien.

„Da, die Mütze!" ruft Philipp.

Sofort beginnen sie, Daniels Kopf freizubuddeln. Als sie es geschafft haben, schauen sie ihn gespannt an.

„He, was ist?" fragt Robert.

„Mannomann", sagt Daniel nur und atmet kräftig durch.

Robert und Philipp sind erleichtert. Sie helfen auch dem restlichen Daniel aus dem Schnee. Aber jetzt haben sie es nicht mehr so eilig.

Daniel wischt sich den Schnee aus dem Gesicht. „Ich hab' schon gedacht, ich muß ersticken", murmelt er.

„Jetzt ist unser schönes Iglu kaputt", sagt Philipp.

Sie überlegen kurz, ob sie ein neues bauen sollen. Aber keiner hat mehr so richtig Lust dazu.

„He, was macht ihr denn da?" ruft plötzlich jemand.

Am Gartenzaun stehen Florian, Hakan und Julia aus der vierten Klasse.

„Soll das etwa ein Schneehaus werden?" fragt Hakan.

Julia lacht: „Das war vielleicht mal eins. Aber die Kleinen sind noch zu ..."

Julia kann sich gerade noch bücken, um dem heranfliegenden Schneeball auszuweichen. Der zweite klatscht gegen den Zaun. Und der dritte landet auf

Hakans Brust. Das können die Viertkläßler natürlich
nicht auf sich sitzenlassen, daß sie von Kleineren mit
Schneebällen beworfen werden. Also werfen sie zu-
rück. Robert, Philipp und Daniel gehen hinter ihrer
Igluruine in Deckung. Da sind sie kaum zu treffen.
Und sie haben genügend Schnee für neue Schneebälle.
Die machen sie erst mal auf Vorrat und warten, bis ihre
Gegner keine mehr haben. Dann prasselt ein richtiger
Schneeballhagel auf die Viertkläßler nieder, die sich
schnell zurückziehen und hinter der Nachbargarage
Schutz suchen.

„Das werden sie büßen", sagt Florian. „Los, wir
machen noch mehr Schneebälle! Aber ganz harte."

Robert und seine Freunde schleichen sich durch den
Garten, um zu sehen, ob sie ihre Gegner tatsächlich in
die Flucht geschlagen haben. Doch da kommen die

schon hinter der Garage hervor und werfen, was die
Arme hergeben. Ein Schneeball verfehlt das Ziel und
fliegt gegen eine Fensterscheibe, die klirrend in Scher-
ben geht. Alle sechs Kinder bleiben wie angewurzelt
stehen und starren die zerbrochene Scheibe an.

Nach ein paar Schrecksekunden sagt Hakan: „Los,
weg hier!"

Die drei rennen davon, als ob der Teufel persönlich
hinter ihnen her wäre.

„Halt!" ruft Robert noch.

Aber die drei denken nicht daran, stehenzubleiben.

„Mannomann", sagt Daniel wieder.

Da geht auch schon die Tür auf, und Papa kommt
heraus. „Wer war das?"

„Wir nicht", antwortet Robert und zeigt zum Gartenzaun. „Die waren es."

„Wer die?" fragt Papa, weil niemand zu sehen ist.

„Sie sind weggelaufen."

„Ach so", sagt Papa. „Sie sind weggelaufen. Natürlich." Er bleibt dicht vor den Jungen stehen. „Jetzt will ich euch mal was sagen: Das finde ich schwach von euch, ganz schwach. Erst eine Scheibe einwerfen und es dann nicht zugeben."

„Aber wir waren es wirklich nicht", wehrt sich Philipp. „Florian, Hakan und Julia waren es", sagt Robert. „Frag sie doch selber!"

„Ich mach' mich doch nicht lächerlich. Ihr drei bezahlt die Scheibe und damit Schluß!"

„Ich bezahle nichts!" widerspricht Robert. „Weil ich es nicht war."

„Und für so was gibt es doch eine Versicherung", sagt Philipp. „Die bezahlt das."

„Ach so." Papa hat Mühe, sich zu beherrschen. „Und du meinst, deswegen könnt ihr Scheiben einwerfen, so viele ihr wollt?"

„Wir haben keine Scheibe eingeworfen!" schreit Robert.

Wenn sie jetzt nicht im Garten stünden, würde Papa ihm bestimmt eine kleben. So zischt er nur: „Du gehst sofort rein! Und ihr zwei haut ab hier!"

Robert weiß, daß jetzt jedes weitere Wort zwecklos wäre. Deswegen verschwindet er lieber und wartet, bis Papa sich wieder beruhigt hat. Dann wird er ihm alles der Reihe nach erzählen.

Zwei

Am nächsten Tag ruft Florians Mutter an. So kurz vor Weihnachten wurde Florian von seinem schlechten Gewissen geplagt und hat ihr gestanden, wie das mit der eingeworfenen Fensterscheibe war. Und Florians Mutter erzählt Papa nun die ganze Geschichte.

„Da muß ich mich wohl bei dir entschuldigen, mein Sohn", sagt Papa zu Robert, nachdem er aufgelegt hat.

Der nuschelt etwas vor sich hin, weil er immer noch sauer ist, daß Papa ihm nicht geglaubt hat.

Papa streckt ihm die offene Hand entgegen. „Tut mir leid, Robert. Es soll nicht wieder vorkommen."

Robert gibt ihm die Hand, ohne ihn anzusehen.

„Warum hast du ihm eigentlich nicht geglaubt?" möchte Mama wissen.

„Weil die Sache für mich klar war", antwortet Papa. „Da sind drei Jungen im Garten und spielen mit Schnee. Eine Scheibe geht zu Bruch. Und als ich rauskomme, ist außer den dreien weit und breit niemand zu sehen."

71

„Aber sie haben doch gesagt, daß sie es nicht waren."

Papa lächelt. „Glaubst du, ich hätte früher zugegeben, daß ich eine Scheibe eingeworfen habe?"

„Ach, und weil du früher geschwindelt hast, glaubst du einfach, daß dein Sohn auch schwindelt?"

„Lassen wir das", sagt Papa. „Ich seh' ja ein, daß ich mich blöd benommen habe. Und ich habe mich bei Robert entschuldigt, das genügt ja wohl."

Opapa spitzt schon den Mund. Doch bevor er singen kann, sagt Mama: „Wir müssen noch in die Stadt und einiges einkaufen."

„Keine Zeit", sagt Papa. „Aber du nimmst am besten alle vier mit, dann habe ich wenigstens meine Ruhe."

Opapa und Robert wollen nicht in die Stadt. Opapa darf daheim bleiben, aber Robert muß trotzdem mitkommen, weil er unbedingt eine Winterjacke braucht. Das meint jedenfalls Mama.

Es dauert noch eine ganze Weile, bis sie endlich alle im Auto sitzen und Mama losfahren kann.

In der Stadt kurvt sie kreuz und quer durch die Straßen, findet jedoch keinen Parkplatz.

Annegret quengelt schon. „Warum hältst du nicht endlich an?"

„Weil ich nicht kann."

„Und warum fährst du nicht in ein Parkhaus?" fragt Robert.

„Das will ich nicht", antwortet Mama. „Die sind mir zu eng und irgendwie zu dunkel und unheimlich."

„Aber hier kriegen wir nie einen Parkplatz", meint Roswitha.

„So ein Mist!" schimpft Mama. Sie will schon aufgeben und zurückfahren, da wird ein Stück weiter vorne ein Parkplatz frei.

„Das ist meiner!" sagt Mama und tritt aufs Gaspedal.

Gleichzeitig kommt ein Auto aus einer Seitenstraße und steuert ebenfalls auf die Parklücke zu.

„Mama!" ruft Roswitha.

Aber Mama ist nicht mehr zu bremsen. Sie erreicht als erste die Parklücke und fährt schräg hinein. Der Fahrer des anderen Autos kann im letzten Moment anhalten. Er springt heraus und beschimpft Mama. Sie drückt schnell den Türknopf, kurbelt die Scheibe hoch und läßt den Mann schimpfen.

Weil sein Auto mitten auf der Fahrbahn steht, hupen einige Autofahrer wie wild. Da bleibt ihm nichts anderes übrig, als in sein Auto zu steigen und wegzufahren. Aber vorher zeigt er Mama noch einen Vogel.

„Hast du das gesehen?" fragt Roswitha. „Den zeigen wir an."

Mama winkt ab. „Der kann mir den Vogel zeigen, sooft er will. Hauptsache, ich habe einen Parkplatz."

Doch zuerst muß sie noch richtig einparken, was bei dem starken Verkehr gar nicht so einfach ist. Als der Wagen endlich richtig steht, atmet Mama tief durch und tupft sich den Schweiß von der Stirn. „So, das wäre erst mal geschafft!"

Sie steigen aus, und Mama wirft Geld in die Parkuhr. „Kommt, wir müssen uns beeilen! Ich darf hier nur eine Stunde parken." Sie nimmt Annegret an die Hand und geht zügig in Richtung Kaufhaus.

„He, ich kann nicht so schnell!" ruft Annegret.

Da nimmt Mama sie einfach auf den Arm und trägt sie. Im Kaufhaus wimmeln die Leute durcheinander wie in einem Ameisenhaufen. Aus den Lautsprechern erklingen Weihnachtslieder. Zwei Männer streiten sich um eine Jacke. Irgendwo weint ein Kind. Eine Frau hat einen Pullover in den Händen.

„Wozu brauchst du noch einen?" fragt ihr Mann. „Du hast doch schon zwanzig!"

„Aber keiner ist so schön wie dieser."

„Das hast du bei den anderen zwanzig auch behauptet."

Roswitha geht in die Schmuckabteilung. Annegret und Robert wollen zu den Spielsachen.

„Dazu haben wir heute keine Zeit", sagt Mama.

„Immer hast du keine Zeit, wenn wir etwas wollen."

„Das stimmt gar nicht", sagt Mama. „Aber jetzt geht es wirklich nicht. Sonst steckt ein Strafzettel am Auto, wenn wir zurückkommen."

„Mußt du dann ins Gefängnis?" fragt Annegret.

„Nein, aber zwanzig Mark Strafe bezahlen."

Murrend und meckernd zockeln die beiden hinter Mama her zur Rolltreppe. Sie fahren in die zweite Etage zur Abteilung für Kinderbekleidung. Dort sucht Mama eine Jacke für Robert. Aber mit keiner ist er zufrieden. Eine ist ihm zu weit, eine zu eng; eine zwickt im Genick, eine zwackt unter den Armen; eine hat zu lange Ärmel, eine keine Kapuze.

Mama seufzt. „So finden wir nie eine Jacke für dich."

„Ist doch nicht meine Schuld, wenn die alle so blöd sind", brummt Robert.

„Du bist blöd!" ruft Annegret und legt sich auf den Boden, weil ihr alles viel zu lange dauert.

„Annegret, steh auf!" sagt Mama. „Du wirst ja ganz schmutzig."

„Mir doch egal." Annegret rollt sich unter die Jacken.

„Kann ich Ihnen helfen?" fragt eine Verkäuferin, die plötzlich hinter Mama steht.

Mama mag es normalerweise nicht, wenn Verkäuferinnen beim Anprobieren dabeistehen. Doch jetzt zeigt sie auf Robert und sagt: „Wir suchen eine warme Jacke für ihn."

„Aber die hier sind alle doof", behauptet Robert.

„Robert!"

Die Verkäuferin tut so, als habe sie Roberts Satz nicht gehört, und nimmt eine Jacke vom Ständer. „Die hier ist doch schick."

„Ich will keine rote!"

„Was für eine möchtest du denn?" fragt die Verkäuferin.

„Gar keine von denen!"

„Ich will jetzt zu den Spielsachen!" ruft Annegret.

Da wird es Mama zu dumm. Sie zieht Annegret vom Boden hoch. „Los, wir gehen!"

Robert nimmt seine alte Jacke und läuft hinter Mama her. Die Verkäuferin schüttelt den Kopf.

Im nächsten Kaufhaus ist es genau das gleiche. Und im dritten auch. Nun hat Mama endgültig die Nase voll. Im zweiten Stock ist eine Spielecke für Kinder eingerichtet. Da bringt Mama die beiden Quälgeister hin.

„Hier sind ja nur Spielsachen für Babys", meckert Robert.

„Du kannst doch mit deiner Schwester etwas bauen oder malen", sagt Mama.

„Ich will aber nicht bauen oder malen!"

„Dann tust du eben etwas anderes", sagt Mama. „Jedenfalls bleibt ihr hier, bis ich eingekauft habe! Und macht bloß keinen Blödsinn!"

Robert merkt, daß Mama es ernst meint. Murrend setzt er sich mit Annegret an einen Tisch.

„Komm, wir bauen ein Haus", schlägt Annegret vor.

Weil er sich sonst nur langweilen würde, baut Robert mit. Als sie ein Haus und eine Hundehütte gebaut haben, schaut Robert sich um. Doch von Mama und Roswitha ist keine Spur. „Vielleicht haben sie uns vergessen", murmelt er.

„Mama vergißt uns nicht", sagt Annegret.

„Aber sie ist schon länger als eine halbe Stunde weg." Robert nimmt seine Schwester an der Hand. „Komm mit!"

Frau Rosen

„Mama hat aber gesagt, wir müssen hierbleiben."

„Nun komm schon, wir suchen sie", sagt Robert.

Sie laufen durch das Kaufhaus, fahren mit der Rolltreppe rauf und runter, bis ein Mann sie anspricht.

„Na, ihr zwei? Was macht ihr denn so alleine hier?"

„Wir suchen unsere Mama", murmelt Robert.

„Soso. Dann kommt mal mit." Der Mann geht voraus. Robert und Annegret trotten hinterher.

„Die beiden haben ihre Mama verloren", sagt der Mann zu einer Frau hinter dem Informationsstand.

„Wie heißt ihr denn?" fragt die Frau.

„Robert und Annegret", sagt Robert.

„Und mit Nachnamen?"

„Rosenberg."

Die Frau spricht in ein Mikrofon: „Frau Rosenberg bitte zur Information im Erdgeschoß!"

Robert und Annegret hören den Aufruf über die Lautsprecher.

„Keine Angst", sagt die Frau. „Eure Mama ist bestimmt gleich hier."

Und tatsächlich dauert es keine zwei Minuten, bis Mama und Roswitha auftauchen.

„Was ist denn passiert?" ruft Mama schon von wei-

tem. Annegret läuft ihr entgegen und schlingt die Arme um Mamas Bein.

Robert fragt vorwurfsvoll: „Wo warst du denn so lange?"

„Ist etwas passiert?" fragt Mama noch einmal.

„Nein, nein", beruhigt sie die Frau an der Information. „Ihre Kinder haben Sie nur gesucht, weil ihnen die Zeit zu lang wurde. Das kommt hier öfter vor."

Mama ist erleichtert. „Habt ihr etwa gedacht, ich würde euch vergessen?" Sie drückt beide an sich. „Ich vergesse meine Annegret und meinen Robert doch nicht."

Roswitha ist die ganze Sache ein wenig peinlich. Deswegen fragt sie: „Können wir jetzt gehen?"

„Mhm", macht Mama.

Aber zuerst müssen alle noch in die Kinderabteilung mitkommen. Denn dort hat Mama eine schöne Jacke für Robert gesehen. Die soll er anprobieren.

Und was Mama kaum noch zu hoffen gewagt hat, die Jacke gefällt Robert. Sie ist nur ein bißchen zu lang.

„Da wächst du noch rein", sagt Mama schnell.

Robert krempelt die Ärmel um. „Jetzt paßt sie."

„Na, siehst du", sagt Mama und lächelt.

Eins

Am letzten Schultag vor den Ferien gibt es in Roberts Schule immer einen Weihnachtsliederabend. Diesmal hat Roberts Klasse das Krippenspiel einstudiert.

Am Morgen findet die Generalprobe vor den anderen Schülern statt. Und obwohl die Kinder ziemlich aufgeregt sind, klappt alles prima.

Nachdem das Stück zu Ende ist, kommt der Nikolaus auf die Bühne und verteilt leere Päckchen an die Kinder. Die vollen Päckchen gibt's erst am Abend bei der richtigen Feier. Robert mußte ein Gedicht auswendig lernen, das sein Papa extra für die Feier geschrieben hat. Auch wenn es bei der Generalprobe keine Geschenke gibt, trägt Robert das Gedicht vor:

„Danke
Nikolaus, wir danken dir
für die guten Gaben,
die du uns heute hast gebracht;
wir werden uns dran laben.

80

Nikolaus, du guter Mann,
setz dich bitte nieder,
ruh dich noch ein wenig aus,
und lausche unsern Liedern."

Der Nikolaus bedankt sich für das schöne Gedicht und
setzt sich. Dann singen alle zusammen noch „Ihr Kin-
derlein kommet" und „Stille Nacht".

„Sehr schön", lobt Frau Dressler die Kinder. „Das
habt ihr wirklich gut gemacht. Ihr braucht vor heute
abend keine Angst zu haben. Das wird bestimmt eine
schöne Feier."

Aber bis zum Abend ist es noch so lang. Die Kinder
werden immer nervöser, je näher ihr Auftritt rückt.

Robert sagt seinen Engeltext und das Gedicht immer
wieder vor sich hin. Und je öfter er es sagt, desto
komischer kommt es ihm vor. Am Ende weiß er überhaupt nicht mehr, was die Worte eigentlich bedeuten.

„Nun mach dich bloß nicht verrückt", sagt Papa.
„Du kannst deinen Text doch."

„Ja schon ..."

„Und Lampenfieber vor dem Auftritt ist normal",
versucht Papa ihn zu beruhigen. „Das habe ich auch,
wenn ich meine Geschichten vorlese. Das haben alle
Künstler. Lampenfieber gehört einfach dazu."

„Ich bin aber kein Künstler", sagt Robert.

„Heute abend schon", meint Papa. „Du spielst ja
sogar eine Hauptrolle, wenn ich richtig informiert
bin."

„Blöde Hauptrolle", brummt Robert.

Am Anfang war er wirklich ein wenig stolz, daß er den Engel Gabriel spielen und das Gedicht für den Nikolaus aufsagen darf. Jetzt wäre er froh, wenn er beides abgelehnt hätte und nur einen Hirten spielen müßte. Aber jetzt ist es zu spät.

Auf dem Weg zur Schule sind Roberts Beine wie Wackelpudding. Am liebsten würde er umkehren und sich zu Hause ins Bett legen. Doch dann dürfte Marvin den Engel Gabriel spielen. Dieser Gedanke treibt Robert trotz der Wackelpuddingbeine weiter.

Im Festsaal der Schule sind schon einige Eltern. Robert geht schnell auf die Bühne und verschwindet hinter dem Vorhang. Dort herrscht ein aufgeregtes Durcheinander. Benjamins Josefshut ist verschwunden. Vanessa hat die Jesuspuppe zu Hause liegenlassen. Daniel weiß seinen Text nicht mehr und fängt an zu weinen. Philipp kann seine Schürze nicht zubinden. Und so weiter, und so weiter.

Frau Dressler hilft da und dort und redet beruhigend auf die Kinder ein, obwohl auch sie nervös ist.

Robert zieht das weiße Nachthemd über und nimmt seine goldenen Flügel aus dem Regal. Darunter liegt der Josefshut.

Frau Dressler heftet Robert die Flügel an den Rücken. „Denk daran, du darfst dich nicht so viel bewegen, sonst kann es sein, daß die Flügel abfallen."

„An was soll ich denn noch alles denken", murmelt Robert.

Frau Dressler schaut durch einen Spalt im Vorhang in den Zuschauerraum. Die Reihen sind schon fast gefüllt.

„Seid ihr alle bereit?" fragt sie die Kinder.

„Mein Schnurrbart ist verrutscht!" ruft Alexander.

Frau Dressler tupft ihm den Schweiß unter der Nase weg und drückt den Schnurrbart fest.

Alexander läßt ihn ein paarmal wackeln. „Jetzt hält er."

Das Spiel kann beginnen. Frau Dressler öffnet den Vorhang.

Zuerst treten Maria und Josef auf. Sie suchen in Bethlehem ein Zimmer für die Nacht. Aber niemand hat ein Zimmer für sie frei. Also müssen sie in einem Stall übernachten. Dort bringt Maria dann ihren Sohn zur Welt.

Roberts Wackelpuddingbeine werden inzwischen immer wackeliger, denn gleich ist er dran. Frau Dressler gibt ihm ein Zeichen, und er schreitet auf die Bühne.

Nicht so viel bewegen. Die Hirten ansehen, aber auch ins Publikum reden. Die Arme ausbreiten. Langsam und deutlich sprechen. Alles schwirrt Robert gleichzeitig durch den Kopf, und ihm wird beinahe schwindlig. Doch dann steht er vor den Hirten und beginnt zu reden wie bei den Proben: „Fürchtet euch nicht! Ich bringe euch eine gute Nachricht, über die sich ganz Israel freuen wird. Heute wurde in der Stadt Davids euer Retter geboren. Es ist Christus, der Herr. Geht hin und seht selbst: Er liegt in Windeln gewickelt in einer Futterkrippe. Daran könnt ihr ihn erkennen."

Die Hirten sind sprachlos und starren mit großen Augen hinter dem Engel her. Weil das Nachthemd bis auf den Boden reicht, sieht es aus, als schwebe er von der Bühne.

„Gut gemacht", lobt ihn Frau Dressler.

Robert ist erleichtert, daß er es hinter sich hat. Jetzt kann er den anderen ruhiger zuschauen.

Bis auf zwei kleine Versprecher des Weisen Melchior klappt alles bestens. Und nach dem letzten Satz bekommen die Kinder einen kräftigen Applaus. Sie stellen sich alle nebeneinander auf die Bühne und verbeugen sich wie richtige Schauspieler.

Bis auf Papa, der seinen gebrochenen Arm schonen muß, klatschen die Rosenbergs besonders laut, denn sie sind sehr stolz auf ihren Robert. Opapa würde vor

Freude am liebsten ein Seemannslied anstimmen, aber ihm fällt im Moment kein passendes ein.

Kaum ist der Applaus verklungen, stapft der Nikolaus mit seinem schweren Sack herein und beschenkt die Kinder. Dann tritt Robert vor den Nikolaus – und im gleichen Augenblick spürt er einen heißen Stich in der Brust.

Auf der Bühne und im Publikum wird es still, mäuschenstill. Alle Augen sind auf Robert gerichtet. Der steht vor dem Nikolaus und weiß nicht, was er tun soll. Das Gedicht ist weg!

„Na, was möchtest du mir denn sagen?" fragt der Nikolaus. Robert kann nicht antworten.

„Hast du vielleicht ein Gedicht für mich gelernt?" will ihm der Nikolaus auf die Sprünge helfen.

Robert nickt.

„Das freut mich", sagt der Nikolaus. „Dann laß es mal hören."

Robert schielt ins Publikum und sieht, wie seine Eltern und Opapa ihm zunicken. Aber das Nikolausgedicht ist verschwunden.

Robert hört, wie hinter ihm schon getuschelt wird. Ich muß ein Gedicht sagen, sonst lachen mich alle aus, schießt es ihm durch den Kopf.

„Na los", ermuntert ihn der Nikolaus noch einmal.

Da sagt Robert auf, was ihm gerade einfällt:

„O Tannenbaum, o Tannenbaum,
das Leben ist so kurz.
Der Nikolaus ist meistens blau
und läßt oft einen Furz."

Der Nikolaus guckt Robert an, als spiele der nicht nur den Engel Gabriel, sondern sei wirklich ein Wesen von einem anderen Stern.

„Aber ... aber ...", stammelt er. Mehr bringt er nicht heraus.

Roberts Mama schlägt die Hände vors Gesicht. Sie weiß nicht, ob sie lachen oder weinen soll. Roswitha schämt sich und würde sich am liebsten irgendwo verkriechen. Papa guckt erst verdutzt, dann lacht er plötzlich los. Annegret kichert, und Opapa klatscht seinem Enkel Beifall. Nach und nach steckt er die anderen Zuschauer damit an, und schließlich klatscht der ganze Saal.

So nimmt die Aufführung ein etwas anderes Ende als geplant. Den meisten hat es trotz des ungewöhnlichen Nikolausgedichtes gut gefallen. Und manche fanden dieses Gedicht sogar das Beste am ganzen Abend.

Null

Endlich ist es Heiligabend. Aber leider ist es erst neun Uhr morgens, und bei Rosenbergs geht es noch kein bißchen weihnachtlich zu.

Mama und Papa kommen sich dauernd in die Quere. Robert ist überall im Weg. Annegret fragt alle paar Minuten, wann denn das Christkind kommt. In Opapas Zimmer klingt es verdächtig nach Meeresrauschen. Und Schlappi kratzt an der Haustür, weil er unbedingt raus muß.

„Geh mit dem Hund mal eine Runde Gassi", sagt Mama zu Robert.

„Wieso immer ich? Soll Roswitha doch gehen."

„Die schläft noch", sagt Mama.

Leise vor sich hin grummelnd, nimmt Robert die Leine vom Haken und verläßt das Haus. Dabei knallt er die Tür so laut zu, daß Roswitha garantiert die längste Zeit geschlafen hat.

Draußen will Robert Schlappi an die Leine nehmen. Aber der entdeckt eine Katze und saust los.

„Schlappi, bleib hier!" ruft Robert.

Aber Schlappi hört nicht auf Robert. Er verfolgt die Katze und ist bald nicht mehr zu sehen. Robert läuft noch ein Stück hinterher und ruft nach dem Hund. Dann geht er zurück und drückt so lange auf den Klingelknopf, bis die Tür geöffnet wird.

„Spinnst du?" fragt Papa.

„Schlappi ist abgehauen", sagt Robert.

„Abgehauen?"

„Ja, einer Katze hinterher."

„Ach so", sagt Papa. „Die erwischt unser Schlappi sowieso nicht. Der kommt schon wieder nach Hause."

Und Mama meint: „Papa hat recht. Mach dir nichts draus!"

Roswitha ist wütend, weil Robert sie absichtlich aufgeweckt hat. „Weißt du, was du bist?" sagt sie zu ihm.

„Roswitha, bitte!" sagt die Mama. „Heute ist immerhin Heiligabend."

„Davon ist aber nicht viel zu spüren", meint Papa.

„Ja, weil wir noch nicht mal einen Christbaum haben", mault Annegret.

„Das stimmt", sagt Mama. „Es wird höchste Zeit, daß Papa den Baum aufstellt."

Papa hält nur seinen Gipsarm hoch.

„Ach so", murmelt Mama, „das muß ich diesmal ja auch machen."

„Ich helfe dir doch", sagt Papa und nimmt Mama in die Arme. Das kann er sogar mit einem Gipsarm.

Eine halbe Stunde später steht Schlappi winselnd und wedelnd vor der Tür.

„Na, was hab' ich gesagt?" fragt Papa. „Unser Schlappi ist kein Herumstrolcher. Dafür hat er viel zuviel Angst."

Alle sind froh, daß Schlappi wieder da ist. Am meisten natürlich Robert, obwohl er mit ihm schimpft.

Als Schlappi entdeckt, daß ein Baum im Wohnzimmer steht, läuft er sofort hin. Und bevor jemand ihn daran hindern kann, hebt er das Bein und pinkelt an den Baum.

„Schlappi!" ruft Mama. „Pfui, das macht man nicht!"

Schlappi zieht den Schwanz ein und verzieht sich in sein Körbchen.

Opapa kichert. Und auch Papa kann sich ein Grinsen nicht verkneifen. „Keinen Anstand hat der Kerl. Pinkelt der doch einfach an den Christbaum."

Robert und Annegret finden das alles lustig.

„Was meint ihr?" fragt Papa. „Soll ich das in meine Geschichte aufnehmen?"

„Ja!" rufen die beiden.

Auch Opapa ist dafür. „Das Buch würde ich sofort lesen."

„Also ich weiß nicht", sagt Mama. „So etwas gehört doch nicht in eine Weihnachtsgeschichte."

„Warum nicht? Das wäre doch mal etwas anderes." Papa schaut Roswitha an. „Oder nicht?"

„Find' ich gar nicht lustig", antwortet Roswitha.

„Hätte mich auch gewundert", sagt Papa nur. Er holt einen Lappen und wischt die kleine Pfütze weg. Dann schmückt er den Baum. Und weil er das mit einer Hand nicht allein kann, dürfen Robert und Annegret ihm helfen. Opapa setzt sich in einen Sessel und schaut ihnen zu.

Nebenbei unterhalten sie sich über Papas Geschichte.

„Ich bin jetzt fast fertig", sagt er, „ich brauche nur noch einen guten Schluß."

„Dann schreib doch, wie der Hund den Christbaum anpinkelt", schlägt Robert vor.

Papa schüttelt den Kopf. „Das kann ich doch nicht machen. Der Schluß muß schöner sein. Ich werde wahrscheinlich von der Bescherung erzählen."

„Au ja!" sagt Annegret. „Das ist schön. Und die jüngste Tochter in der Geschichte kriegt ein Meerschweinchen."

„Pah!" macht Robert. „Das ist doch langweilig. Mama hat uns mindestens schon zehn Weihnachtsbücher vorgelesen, und zum Schluß kommt immer die Bescherung."

„Das war schon bei den Büchern so, die meine Mutter mir vorgelesen hat", sagt Opapa. „Also besonders originell wäre so ein Schluß wirklich nicht, da hat Robert recht."

Papa überlegt.

„Laß die Familie doch Weihnachten auf einem Schiff feiern, irgendwo auf hoher See."

„Ja, und dann werden sie von Piraten überfallen", spinnt Robert Opapas Gedanken weiter.

„Quatsch", sagt Papa. „Ich schreibe keine Piratengeschichte. Aber mit der Bescherung habt ihr nicht ganz unrecht. Das muß ich mir noch mal überlegen."

Opapa kichert. „So wie ich die Familie Rosenberg kenne, passiert hier noch einiges, bis Weihnachten vorüber ist. Da ist bestimmt auch was für einen guten Schluß dabei."

In diesem Augenblick hören sie Mama in der Küche kreischen. Papa und die Kinder laufen sofort hinaus.

„Na, was hab' ich gesagt", murmelt Opapa. Er betrachtet den halb geschmückten Christbaum und fängt zu singen an: „La Paloma, oheeeee, einmal muß es vorbei sein ..."

Manfred Mai, 1949 in Winterlingen geboren, wuchs auf einem Bauernhof auf. Als Kind machte er sich nichts aus Büchern und hatte mit Schule auch nicht allzuviel im Sinn. Nach dem Schulabschluß begann er eine Malerlehre und arbeitete in einer Fabrik. Aber so recht glücklich war er dabei nicht. Er wurde immer unzufriedener und ging auf die Suche nach Neuem. In dieser Zeit entdeckte er, daß Bücher etwas Tolles sind. Er las und lernte viel, wurde Lehrer und schließlich Schriftsteller. Heute lebt Manfred Mai mit seiner Frau und zwei Töchtern im schönen Schwabenländle.

Julia Drinnenberg hat Grafik studiert. Ihr Arbeitsschwerpunkt liegt im Bereich der Karikatur, aber seit einiger Zeit illustriert sie auch erfolgreich Kinderbücher. Julia Drinnenberg ist verheiratet und hat drei Kinder.

LESE KÖNIG

Marliese Arold
Sternschnuppe sucht ein Zuhause
Sternschnuppe reißt aus

Werner Färber
Mach doch endlich Sitz!

Cornelia Funke
Zottelkralle, das Erdmonster

Josef Carl Grund
Hi, der Poltergeist

Gunnel Linde
Nikis Glückssträhne

Manfred Mai
Wir werden Meister!
Die Tigerbande

Gunter Preuß
Paule Enterhaken

Ursel Scheffler
Ferien mit dem Taxi-Opa
Der Raubritter Ratzfatz

Cordula Tollmien
Fliegende Büffel

Klaus-Peter Wolf
Treffpunkt Geisterstunde
Die Drachenburg